ことわざ絵本
五味 太郎
岩崎書店

無断転用勝手

もくじ

〈作者紹介〉

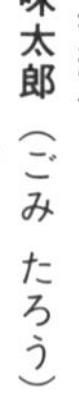

五味太郎（ごみ　たろう）

一九四五年、東京に生まれる。

桑沢デザイン研究所ＩＤ科卒。工業デザイナーから絵本の創作活動に入り、ユニークな作品を数多く発表。服飾デザイナー、作詞家としても活躍中。

主な作品に「みんなうんち」（福音館書店）、「たべたのだあれ」「かくしたのだあれ」（文化出版局）、「うみのむこうは」「はやくあいたいな」（絵本館）、「仔牛の春」（リブロポート）、「とうさんまいご」「まどからおくりもの」（偕成社）、「おじさんのつえ」「ゆびくん」「くじらだ！」「ちいさなきしゃ」「ことばのあいうえお」「絵本ことばあそび」「絵本ＡＢＣ」「すうじの絵本」「かずの絵本」（岩崎書店）などがある。

ことわざ絵本

五味太郎

岩崎書店

急がば まわれ
急いでいる時
あせって近道するより
すこし遠そうだけれど
廻り道した方が
けっきょく早くゆける.
ということ。
はし
それは

たとえば
早く仲良(なかよ)しになりたくても
あんまり あせりすぎるとダメ。
おちついて、ゆっくり じっくりと
やった方が けっきょく
早く仲良しになれる……
というようなこと……かな?
あせってガクリ

二兎を追うものは一兎をも得ず

あっちも、こっちもと
欲ばっているうちに
けっきょく、
両方とも逃げられちゃった。
というわけ。

つまり

欲はふたつでも身はひとつ

たとえば

本も読みたい
スケートボードもしたい
そこで両方いっしょにやったところで、
けっきょく
両方とも中途半ぱ、
どっちも
十分にたのしめない、
といったようなことさ。

やなぎの下のどじょう
一度やなぎの木の下でどじょうをとったからといって、
やなぎの木の下にはいつもどじょうがいるものだと
決めてしまうやつは、ま、おろかである、ということ。
そういえば、ほら

たとえば
一度くじが当ったことのある店を
「ここはくじが当る店だ」などと
決めてしまって興奮してるやつが
ときどきいるでしょ。
ICE CREAM
当りがわかれば世話はない

さるも木から落ちる
木のぼり上手といわれるさるも
あんまり調子にのって手をぬくと、
木から落ちることだってあるよ。
ということ……
それは

つまり

まあ そんなことは けっして
ありえないと安心していると
思わぬ失敗をするものさ。
ということね。

おまわりさん スリにあう

失敗は成功のもと
失敗をかさねても
がんばっていれば そのうち
必ず成功するさ!
ということ
とはいっても…

なんとなく
失敗をした人への「なぐさめ」
という感じがするね……
なぐさめは……
あきらめのもと…

好きこそものの上手なれ

好きだからこそ
上手になるし
上手になるから
また 好きになる…
という具合で…

つまり 逆にいえば

好きじゃないと
なかなか
上手にはなりにくい……
ということ…
下手は嫌いの証拠

ひとのふりみて　わがふりなおせ

自分のことは、
自分ではなかなか　わからないもので、
だから、
ひとのふりを見て、
自分の行いを　正しなさい
ということ。

つまり

ひとのことならよくわかる…

というわけで…

でも現代（げんだい）はおそろしい時代（じだい）で——

こういうこともある。

ビデオ・テープでわがふりなおせ

楽あれば苦あり
楽なことがあれば
必ず
苦しいことも
あるわけで…
ま、それが

つまりは、人生というものであって
楽しんでばっかりいたあとでは
とかく苦しくなっちゃうものさ
ということ……あーあ。
8月
5 6 7 8
13 14 15
20 21 22
27 28 29
一日三ページ
予習
実行!!
夏休みも あとひとし

出るくいは打たれる

全部そろっていないと
とても気になるというんがいるもので
そういうんにかかると、
他よりちょっととび出したくいは
すぐに打たれてしまう。
つまり、
ねたまれるわけ。

でも

しかし
出るのは くいの勝手、
くいの運命。
打たれても 打たれても、
また 出るのが くいの実力、
くいの 根性というやつ。
美人はつらいよ

逃(にが)した魚(さかな)は大きい

逃してしまった魚は、とても大きかったような気がする……
ということ……
つまり、
残念と思う心が
そう思わせるのだ
それは

たとえば
さがしています
ハンサム。
3さい、オス
ゆうかん、かしこい…
いなくなった名犬(めいけん)

とらぬ狸の皮算用
まだとらえてもいない狸の
毛皮を売ることを、あれやこれや
考えている……というような
よ、欲ばりのわりには
間のぬけた……
それは…

たとえば
打つまえからすっかり
その気になってるようなもので……
バッタ、アウト!!
SANYO
SANYO
KS
SANYO
夢の逆転ホームラン

藪をつついて蛇を出す
つまり
そうっとしておけばよいものを・
わざわざ藪をつついたものだから
蛇が出てきてしまったー・という様子。

たとえば

「あいつが ちらかしたよ」
などと 言いつけたら
「じゃ あなた掃除(そうじ)してね」
なんて具合(ぐあい)に なっちゃうこと。

思いがけなく大掃除(そうじ)

暖簾に腕押し
それは
重い戸や扉ならともかく、
ペラペラな暖簾に
いくら力を入れて押したって
しようがありません……
というわけ。

つまり

がんばったところで
何の手ごたえもない．
ということ・・・・

象に笑い話

隣の花は赤い
なぜか 隣の花の方が
自分の花よりも 美しく 立派に
見えてしまう…… ということで……
それは…

ようするに
人のものを うらやましがる
だらしない性質が
人間にはあるということで…
むこうのごちそう

鬼に金棒
ただでさえ強い鬼が、さらに金棒などを持てば、もうまったくすごく敵なしだ。
というわけで……

たとえば…
美人でかしこいその上に
体力までそなわっていれば、
ま、もんくのつけようがない。
というわけ！
美人に体力

先んずれば人を制す
だれよりも先に
スタートすれば
まず、ひとにまけることはない
……にちがいない
ということ。
しかし

なかなか
はやいスタートというだけで
ひとにかつというのは
むずかしいことではある。
先んじすぎるとつづかない

火のない所に煙はたたぬ
煙が立ちのぼっているということは、
そのもとに必ず火がある、
ということ。
だから
煙とは、あやしい現象、
火とは、その原因、ということ。
ん、
あやしい……

たとえば・・
屁のない所に あぶくはたたぬ

ミイラとりがミイラになる

昔、ミイラは薬として高く
売れたそうで、だから無理して
ミイラをとりにゆく人がいたわけ。
でもあまり無理しすぎて、
とりにいったひとがミイラになっちゃった
というおそまつ。
つまり

それは
連れてもどってくるはずのんが
そのとりこになってしまった、
というこっと。
ごはん！
むかえのむかえ

類は友をよぶ
同じ類のものは
自然に集まって
しまうものである。
ということ。
つまり

そこでいう
類とは、
性質、性格、趣味、能力などの
種類ということである……
しかたないから　おともだち

つまり
雨ふって地固まる
雨がふったのに、かえって地面が
固まった、はてな？という感じ。
？

それは
事件が起きてかえって
物事がよい方へ
すすんだ、というような……
ふしぎなようだけど、
時々あることで……
?
けんかで仲良し

うち弁慶
おうちの中では、弁慶(昔の強いんと)のように強い、、、、、、
しかし

そのわりには

外へ出ると
こそこそ　おどおど、
まことに弱い。
つまり、
うちの中だけで強がって
本当は弱虫のやつのこと……
ほら、
ときどきいるでしょ
こういうひと。

外ねずみ

ちりも積(つも)ればやがて山となる

だって

ちりも積ればやがて山のようになる。
小さな努力も、積み重ねればそのうち大きな成果(せいか)が上るよ、という意味だったらしいが、
むしろ、ちりもほうっておくと山のようになってしまうから、お互い気(き)をつけましょうという意味に考えた方がよさそうだね。

いまは
ちり(ゴミ)問題の方が
重要だものな。
山が積ればもうおしまい

三日坊主（みっかぼうず）
いろいろやってはみるのだけど
なにしろ　三日で　おしまい
そういう人のこと。
いち　に　さん　し…
目標
まい朝
体操！
日記
研究
ま。

あきらめがよい、ということでもあるし
それに、
いろいろやってみるのは
わるいことじゃないけど、
三日じゃね、
ほんとのおもしろさも
わかりはしないよね。
せめて半月…？
半月ママ

一石二鳥
いっせきにちょう
ひとつの石で
二羽の鳥を手に入れた！
もうけ！ もうけ！
という感じ。
つまり

たとえば
引力の研究をするために、
リンゴの木をけったら、
ついでに味の研究もできて
しまった、というような具合。
物理学と栄養学

おぼれるものはわらをもつかむ
それは
おぼれてる人は
助かろうとして
わらだろうが何だろうが
手あたりしだいに
つかんでしまうもの.
ということ。

つまり

ひとは
こまった時には
何にでも すがってしまう
という弱さがある、ということ。

おぼれないために
こまらないために
日頃から 訓練・訓練……

すがる時はもうおそい

ま
大は小をかねる
小さすぎるよりは
大きすぎたほうが
使いみちはあるもので、
それゆえ、
大は小にも使える、
という意味。

それは

あくまでも
使って使えないことはない、
ということであって……
けっして、
大の方がいい、
というわけではない。

父（ちち）のセーター ワンピース

負(ま)けるが勝(か)ち

くだらないけんかなどに
勝ったって　えらくもないのだから
ほっとけ　ほっとけ
負けるが勝ちさ！
とあきらめるわけ。

でも

ほんとうに
負けたほうが得(とく)なことも
ときどきあるのだ！
つまり勝ちだな。
くやしい！
かわいそう…
なでなで…
負けるが得(とく)

ま。

下手(へた)の考(かんが)え休(やす)むに似(に)たり

下手くそが いくら考えても
それは 何もしてないのと同じ。
休んでいるのと かわりないのだ
といった、
まことに きびしい言い方。

それは
ぐずぐず考えていないで
下手は下手なりに
どんどんやるより他にない、
ということなのであるが……
研究熱心選手

猫を追うより魚をのけよ
猫に魚を
とられないようにするには、
猫を追っぱらっているより
魚をかたづけてしまったほうが
はやいのに……
ということ。
つまり

たとえば
看板出すひまに穴うめよ
おとしあな
きけん
近づくな!!
KEEP OFF.

のどもとすぎれば熱さを忘れる

のどを通るときは
熱い、と感じても、
のみ込んでしまえば
その熱さなど、
すぐに忘れてしまう、
というわけ……

つまり

それは

人間、苦しい経験も
すぎてしまえば　すぐにケロッと
忘れてしまうものである。
ということ……

試験おわれば元のひと

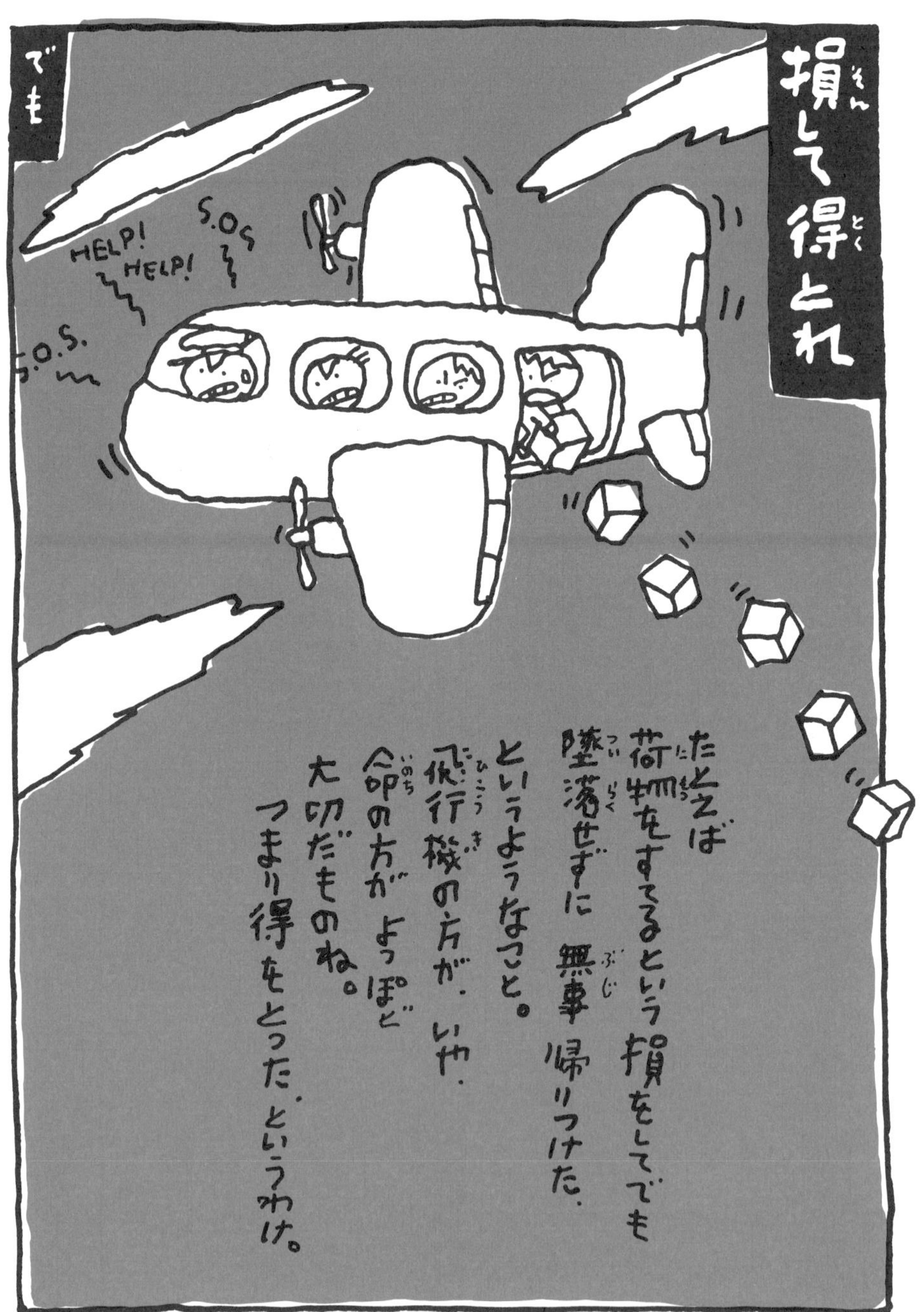
損して得とれ
でも
HELP!
HELP!
S.O.S
S.O.S.
たとえば
荷物をすてるという損をしてでも
墜落せずに無事帰りつけた、
というようなこと。
飛行機の方が、いや、
命の方がよっぽど
大切だものね。
つまり得をとった、というわけ。

その逆の……

目先きの損が気になって
大事なものを 失ってしまう
というようなことが ひとには
よくあるわけです。

損せずに損する

朱(しゅ)にまじわれば赤(あか)くなる
白いものでも
朱(赤の一種)といっしょにいれば
自然に赤くなってきてしまう……。
つまり、
まわりのものに
知らず知らず影響(えいきょう)されて
しまうものだ
ということ。
ま、
とくに悪いことの場合は
なおさらのこと。
それは

つまり
自分自身が
しっかりした考えを
持っていないという証拠で……
ま、この場合、
そう悪いことではないけれど……
31
16
知らぬまに応援団
HANSHIN
阪神

口は禍のもと

無神経なおしゃべりで
つまらぬ問題がもちあがる。
ということは　よくあることで……

つまり

ようするに

あまりぺらぺら　ぺらぺらと
余計な ことを 喋らない ほうが
よろしいようで・・・・
というわけ。

おしゃべりは口のおなら

思う念力岩をも通す
向うへ行きたいと思う強い意志が
念力となって岩をも砕いて
トンネルを掘ってしまう！
というわけ。
それは

ようするに

人間の「思う」あるいは「願う」という力は
なかなかのもので、ばかにはできないと
いうことであるから、
それがはたして、どのくらいの力なのか
いちど試してみたら……

願う念力小遣いふやす

のんびりやさんは なにをしてても のんびり。 ですから、

とまっても のんびり

あわててのんびり　あせってのんびり

ひとつの行動をみれば　その人の性格がだいたい　わかってしまうもの・・・

こまっても　のんびり

おこっても　のんびり

おどろいても　のんびり

あわてても　のんびり

蒔かぬ種は生えぬ
蒔かない種が　芽を出すわけはない。
これ、まったく　あたりまえ。
ということは

つまり

思っているばかりでは
物事なにも はじまらない。
ともかく スタートしなけりゃね。
ということ。

ためない貯金はたまらない

骨おり損のくたびれもうけ
骨をおっただけで（苦労しただけで）
ちっとも得がなかった、
もうかったのは、くたびれたことだけ……
といった、ま　気の毒な気分。

そして
これは
もっと悪い。
くたびれもうけ
なんてシャレてる
場合ではありません。
骨おり損のくたびれ損。
雪かきすんだら大雪崩
ゆき
なだれ

論(ろん)より証拠(しょうこ)

どんなにしっかりした
論(言い方)があったところで、
その証拠がなければ
どうしようもない、
ということ。

つまり

おっかしいな…
とぶはずなのに…

しょーこを
みせてよ…

それは

証拠さえあれば
論なんて
何の意味もない
というわけである。
そりゃ、そうだよね。

科学シンポジウム
はたして宇宙人はいるのか

理論は ともあれ…

泣きっ面に蜂
いじめられて泣いているところに
蜂がやってきて またチクリ。
悪いことが重なるということ……
そして

また…
悪いことというものは
とかく重なるもので……
BUS
とうく町
おとしもの・迷(まよ)い道・こわい犬・日ぐれ

七ころび八おき
七かいころんでも
八かいおきて…
つまり、ころんでもころんでも
またおきて、がんばれ、
といって感じ。
九ころび十おきでも
十一ころび十二おきでも
とにかくおきろ！
ということ。
でもね…

不屈(ふくつ)のライダー

それは

あくまでも
おきられたら。の話
「ひところび　おしまい」
ということもあるから。
御注意

花よりだんご
花もいいけれど
けっきょく人間
むしゃむしゃ
パクパクの方が
いいんだよね…
という感じ。

GIANT PANDA
パンダよりパンだ

無理が通れば道理ひっこむ
無理矢理な行動を
平気でしてしまえば
道理（理にかなった正しい
やり方）なんてものは
どこかへいってしまう
という意味。
つまり

それは

道理を無視してでも
無理なことをするやつが
この世の中にはいるものだ。
ということ。
そして、
その無理の前では
道理なんて弱いものですよ
ということ。

はらへったんだもん！
もんくあるか！

勝手にやるやつ　元気な子

かえるの面に水
水になれっこになっている
かえるの顔に
水をかけたって
ほとんど何も感じない
へっちゃらのちゃら　ということで…
それは

たとえば
悪ガキに小言

帯に短したすきに長し

帯にするには
ちょっと短すぎる……

かといって

たすきに使うと
ちょっと長すぎる……
どうにも中途半ぱで　という気分。

それは

温泉
プール
たとえば
あたたまるには
ぬるすぎる
泳ぐにしては
あっすぎる
ヒいった……
温泉プール

ころばぬ先の杖

ころんで　けがをしないように
杖を用意して歩く……

つまり
先におこるかもしれない事故を予想して
手を打っておくということ……

それは、たとえば

こんな具合であるが

なかなか予想どおりには
起らないのが　事故というもので……

たたかうまえのバンソウコウ

船頭多くして船山にのぼる
せんどう おお ふね
船頭が多くて
わいわいやっているうちに
船が山にのぼってしまった。
という、ばかばかしさ。
つまり、
ひとりのリーダー(船頭)が
びしっと行き先を決めないと
なかなか、うまくはゆかないものだ。
ということ。
それは

たとえば
こんな具合!
主役ばかりじゃ芝居にならぬ

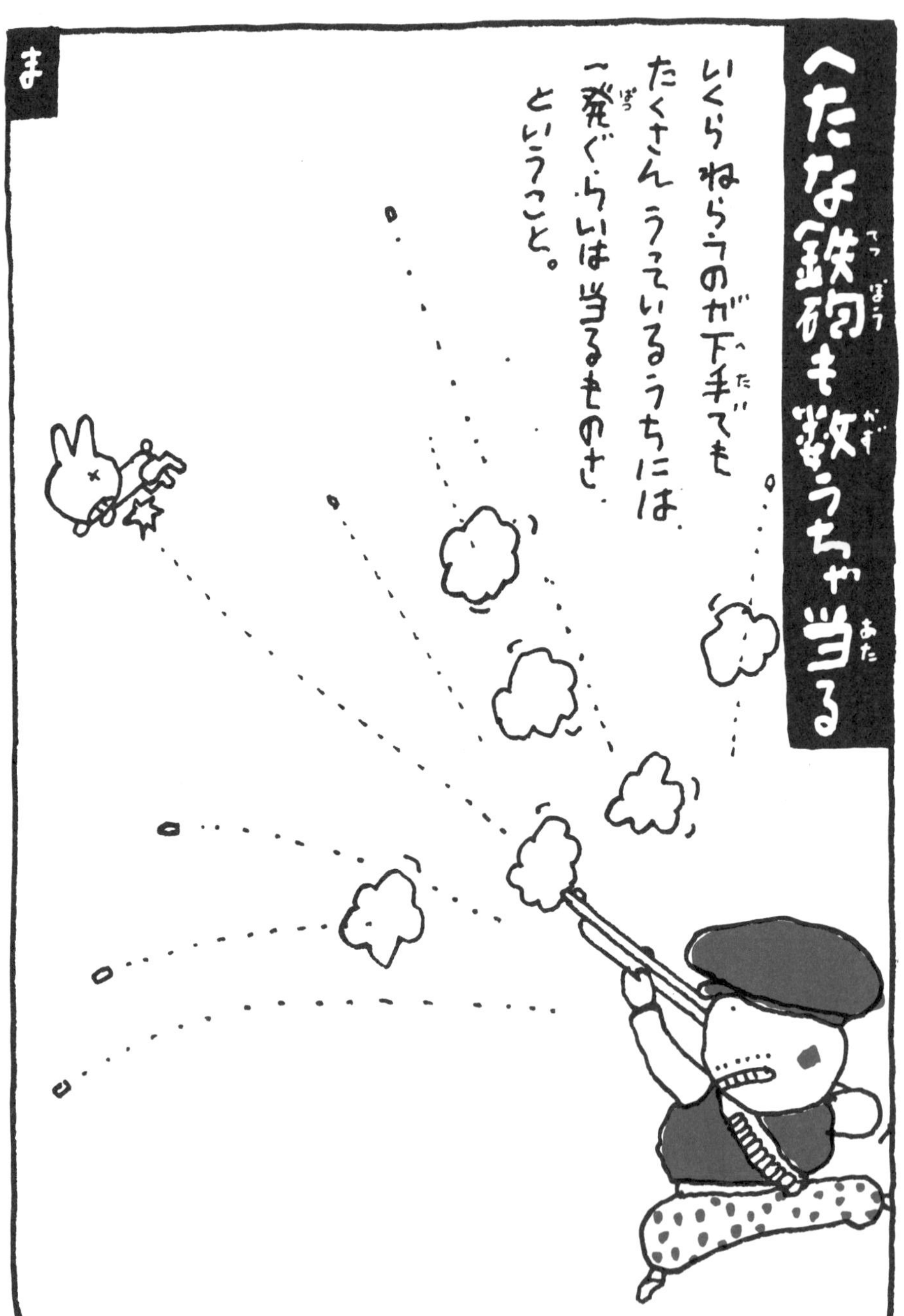
ま
へたな鉄砲も数うちゃ当る
いくらねらうのが下手でも
たくさんうっているうちには
一発ぐらいは当るものさ
ということ。

それも
ひとつの技術ではあるが……
15−8＝
9.
6.
2.
5.
3
4.
8.
7.
へたな答も数言ゃ当る

たなからぼたもち

たなの上から なぜか
ぼたもち（おいしいお菓子）
が落ちてきた。
おっ、得したね、
というわけ。

それは。

つまり
なんの努力もしないのに
けっこうなものが
手に入った、
ということ。
みんなころんで一等賞

でも

かえるの子はかえる

かえるの子は なにしろかえる。
親に似て、およぎはうまい……
というわけ。

それは
なにはともあれ
子は親に似る。
ということであって……
けっして
ほめられることばかり
では　ありません……
ぐうたらの子はぐうたら

聞くのは一時の恥 聞かぬは一生の恥

わからないことを 人に聞くのは
ちょっと恥しいことだけど
聞かないで 一生わからないまま
というのは もっと恥ですよ、
ということ。

ま。

わからぬことは子にも聞け

なにしろ

わからないことは素直(すなお)に人に聞きなさいということ。

けんか両成敗（りょうせいばい）

どちらがいいも悪いもなく、
けんかすること自体、
成敗（罰（ばつ）を与える）されても
しかたないよ、
ということ。

それは つまり

たとえば
落としたやつも悪いが
落ちたやつも甘い。
どちらもどちら、
ひきわけ、ひきわけ、
ま、
なかよく やりなさい
けんかしないでね、
という感じ。
どちらもどちら落し穴

頭かくして尻かくさず

自分では ちゃんとかくれてるつもりでも、
ほら、まだお尻がでているよ、
というわけ。

それは つまり

なかなか

完全にごまかす、というのは
むずかしい　ということ。

りんごぜんぶたべたの
あんたでしょ！
ま、まさか！

証拠は明らか

仏の顔も三度
こころのひろい仏様でも
おゆるしになるのは
三度まで、
そうたびたび 悪いことをして、
そのたび あやまっても、
ゆるしませんよ、
というわけ。
それは

つまり…
何度も
悪いことを重ねてはいかん。
そして、
すぐあやまっても
ゆるされるものではない、
ということ。
ま、三度ぐらいなら、
悪いことをしても ゆるされる……
という感じもあるけどね。
ばかー
口ですむのも三度まで

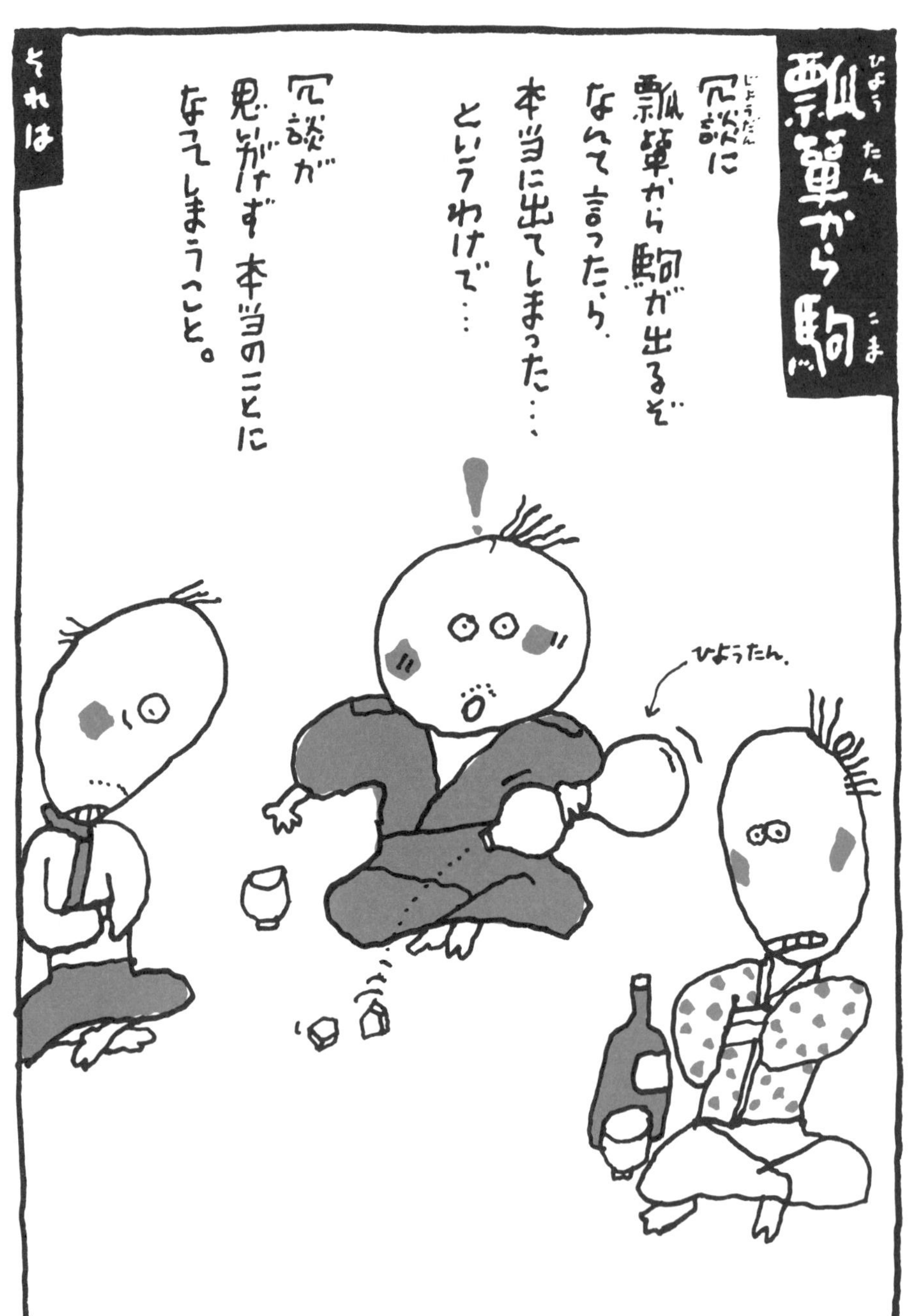
瓢箪から駒
冗談に
瓢箪から駒が出るぞ
なんて言ったら、
本当に出てしまった…、
というわけで…
それは
冗談が
思いがけず本当のことに
なってしまうってこと。
ひょうたん。

たとえばー
とおくのお星さまへゆきたいわ
……なんて冗談いってたら……
オムカエニキマシタ……
まじ～
こんな具合になっちゃった、というような……
冗談(じょうだん)もほどほどに

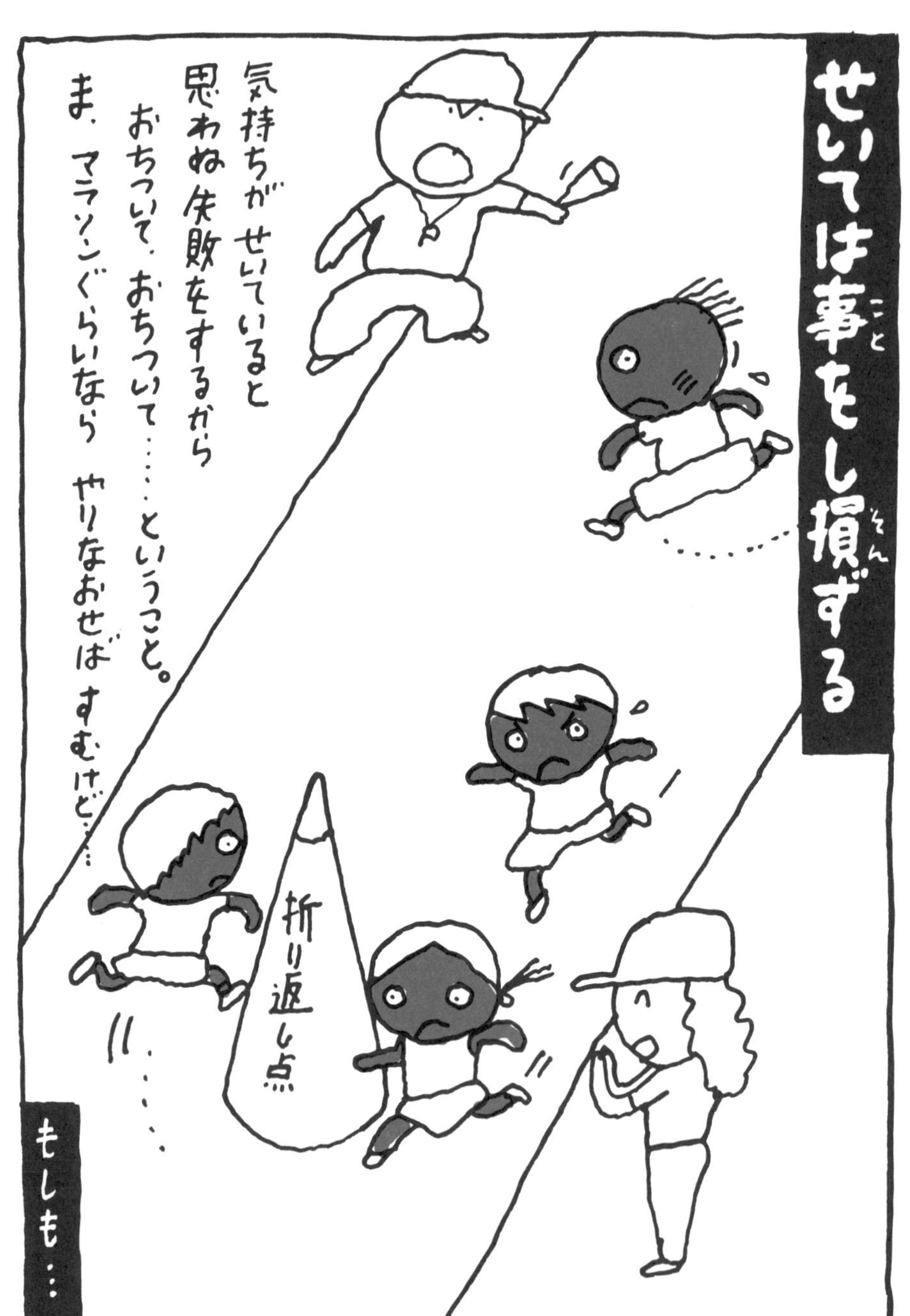
せいては事をし損ずる
気持ちがせいていると
思わぬ失敗をするから
おちついて、おちついて……ということ。
ま、マラソンぐらいなら　やりなおせは　すむけど……
折り返し点
もしも…

これじゃ　まったく
おばかさん！
いちばん風呂のおおやけど

情は人のためならず

情(人にたいする親切な気持ち)は
かけられた人だけにではなく、

なぜなら

かけた本人にとっても
とってもよいものだ。

ひとつの情、ふたつのよろこび

それは
おたがい こころが
ゆたかになることだものね。
そして 人生 おたがいさま
情をかけたり かけられたり…… というわけ。

知らぬが仏
つまり
人間、何も気がつかなければ
仏さまのように ゆったりと していられる……
ということ。

たとえば
知らぬがパラダイス

紺屋の白袴
紺屋さん（染め物屋さん）は
お客さんの着物などを染めるのに
いそがしくて
とても自分の物を染めている
ひまがない。
だから紺屋さんの袴は
白のまま、
というわけ…
それは

つまり
ひとのために精を出していると
なかなか自分のことまで、手が
まわらない、ということ。
ひとの旅行につきあってばかりの
運転手さんも、
自分の旅行となると・・・
KANKO BUS
運転手さんの旅知らず

芸は身を助ける

ちょっとした芸があれば
人間なんとか暮らしてゆける
ものである、
というようなことで…

それは

つまり
どこで役にたつか わからないけれど
芸を身につけておくのは
ま、よいことなんじゃ ないですか。
というような・・・
芸でお詫び

可愛い子には旅をさせよ
可愛い子供は 手もとにおいて
大事に育てたいものだけれど、
あえて旅に出して 苦労させるほうが
その子のために なるものだ…
という意味であって、
けっして

子供を旅行に連れてゆけ
という意味ではない！
可愛い子には留守番させよ
なにしろ、
子供に苦労させて、いろいろなことを
学ばせる　ということなのであって・・・・

親(おや)の心子知らず

親の気持ちなんか
ちっとも　わかってくれない。
子どもはみんな。　まったく　勝手(かって)よ!…
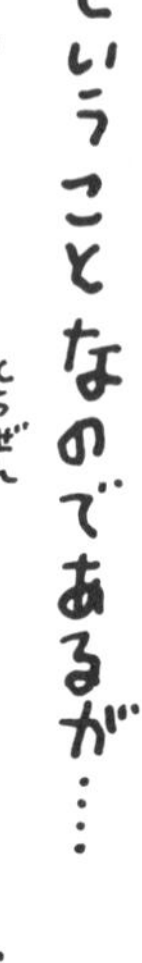
ということなのであるが…
子どもなら当然(とうぜん)　親の気持ちがわかるはずだ
と考えてしまうのが　親の甘(あま)さというもので…

子の心親知らず
そしてまた、
親なら当然
子どもの気持ちがわかるはずだと
期待してしまうところが　子どものだらしなさ……
というわけ。

弘法（こうぼう）も筆（ふで）を誤（あやま）る

書（しょ）の名人（めいじん）といわれた
弘法大師（こうぼうだいし）という 偉（えら）い人でも
たまには
字（じ）をまちがえることだってある
というわけ……

それは

先生も うっかり

つまり

どんなに上手いんだって
時々 まちがえることは
あるものさ、
といった軽い気持ち。
でも だいたい「いいわけ」に使うことが多い。

岡目八目
碁を わきで ゆっくり見ていると
八手も先が見えることがある。
という こと
つまり、興奮している 当人たちよりも
冷静なわきの人の方が、ものごとの
よしあしが よくわかる というわけ……
それは

たとえば
冷静なる目撃者
なるほど……
ぶたが
わるいの……

縁の下の力持ち
縁の下（家の床と土のあいだの
すき間）で、家全体をささえる
といったような、
あまり目立たないところで
みんなのためを思ってガンバル
ということ。
みんなのため、ということがなかっ
たら、ただの力馬鹿。
だからこそ

ざんねんながら
汗と涙の花火大会
その活躍に
みんなは　あんまり気づかない。
そこが縁の下の力持ちのつらいところ。

能ある鷹は爪隠す
爪が鋭くて
獲物をとる能力を
充分にもっている鷹は、
その爪を　ひとにわざわざ
みせびらかしたりはしない、
という意味。
つまり

逆にいえば

能力のないものこそ
そのわずかの能力を
みせびらかしたりするものだ、
というわけ。

能のないやつ　脳がないのう

一寸の虫にも五分の魂
小さくて弱い虫にだって
それなりの意地はあるものだ
ということ。
ばかにしたら いかんぞ!!
ということ。

単三電池にも1.5ボルト

後の祭
あと
まつり
祭がすっかり終ってしまったあとに
やって来たって
どうしようもない。つまり
タイミングがわるい
ということで……
祭
ほ・ら

そういったこと
よくあることで……
間(ま)にあわなければ
何の役にもたたないんだよね……
後の網(あみ)

笑う門には福来る
にこにこ笑って暮している家には
福(しあわせ)が来ますよ
ということ。つまり
悪いことや けんかなどを
しないで
笑って暮せるように
こころがけなさい、というわけ…
とはいえ

笑いすぎると馬鹿になる

それも

あまり度がすぎると
福もどこかへ行っちゃいますよ…

WA
HAHA
!

WO
HOHO
!!

身から出た錆
錆が出た（悪くなった）原因を
よく考えてゆくと、
けっきょく、自分の中に、
その原因があったのです……
というような、ちょっときびしい言い方。
つまり

ゆうべの夜ふかし

たとえば

問題がよくない、とか
生れつき頭が悪い、とか
いろいろ原因はあるけど
けっきょく、
ゆうべ漫画を読みすぎて……

早起きは三文の得
キリッと早起きすると、
心にも体にもいいですよ!
ということなのだから、
ま、得といえば得……
三文(むかしのお金)がどうかは
よくわからないけれど……
でも

しかし
早起きすれば 早くねむたくなって、
当然早寝ということになるから
…………
早起きはケーキの損
こういうことも起るわけ
…!

流れる水は腐らぬ
水は、流れていれば清らかでいること
ができるが、一度とまってしまうと
たちまち腐ってしまう
というわけで・・・
つまり

それは
いつも 元気に うごいていないと
人間、ダメになっちゃうよ、ということ……！
運動不足は病のもと

寄らば大樹のかげ
身を守るためには
とりあえず 大きな樹のそばにいるのが
安心である、ということ。
だが しかし…

とがく
大樹というやつには、
老木も多いわけで……
そこのところを、
よく みきわめましょう。
みかけの大樹に御注意

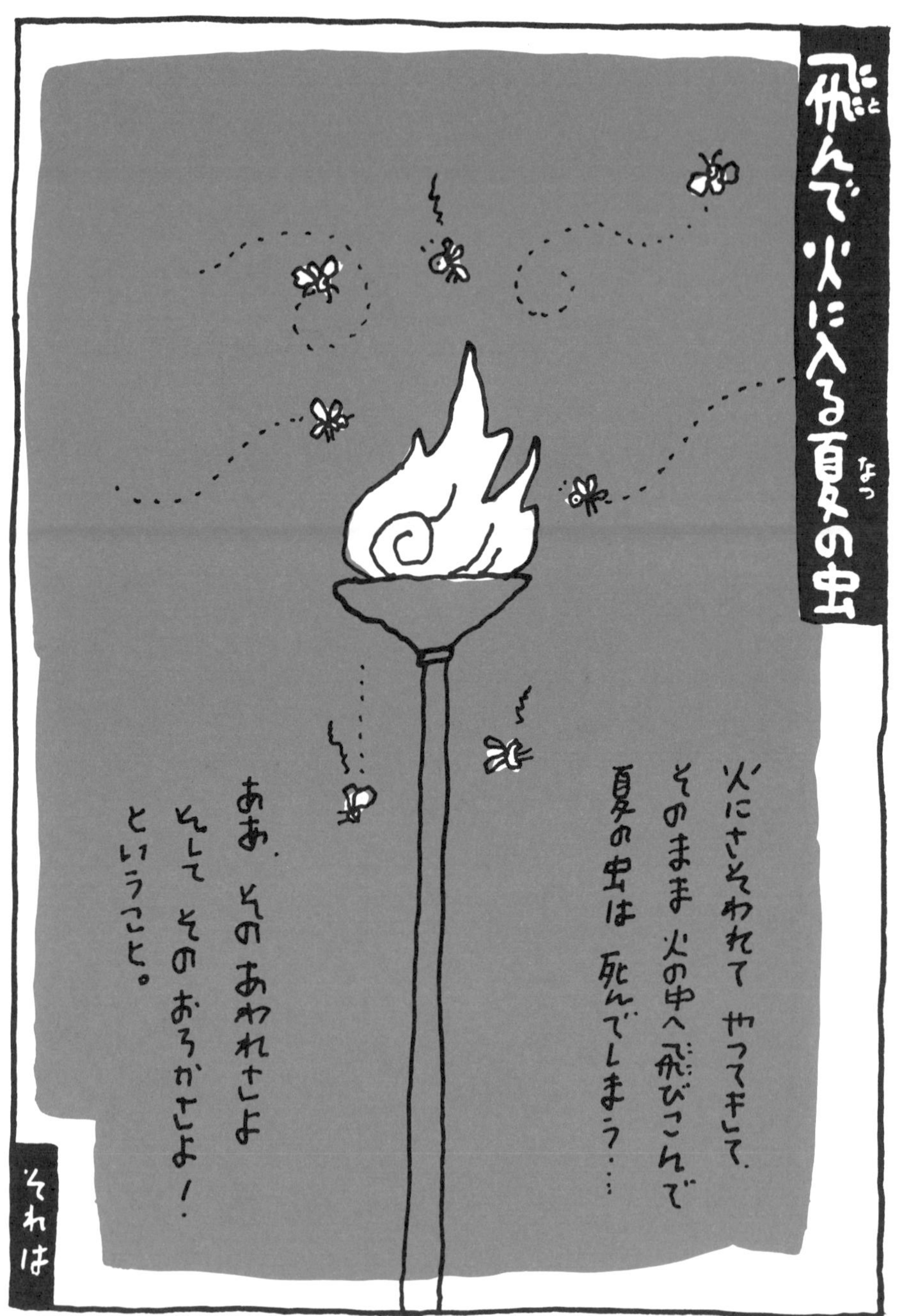
飛んで火に入る夏の虫
火にさそわれて やってきて
そのまま 火の中へ 飛びこんで
夏の虫は 死んでしまう…
ああ その あわれさよ
そして その おろかさよ！
ということ。
それは

つまり
さそわれる気持ちは
わかるけど
ちょっと読みが足りないよ
ということ・・・・
WOW
盗塁先のかくし球

どんぐりの背(せ)くらべ

どんぐりごときが
どっちが高(たか)い　どっちが低(ひく)いと
背くらべしたところで
どちらもどちら。
たいした差(さ)はないよ……

だって

なにしろ

まだ どんぐり なんだもの…

ほんとうのところが わかるのは、
もっと もっと 先のこと、ということ！

赤ん坊美人コンテスト

勝って兜の緒を締めよ
それは
いくさに　勝った勝ったと
よろこんでばかりいないで
次の戦いにそなえて
兜の緒(ひも)を
締めなおしておきなさい
ということ・・・・

ま。

わからないこともないけれど
これじゃ　くつろぐひまもない、という感じもある……

百点とったらまた勉強

門前の小僧習わぬ経を読む
それは
お寺の前のお店の小僧さんは、
いつもお坊さんのお経を
きいているので
いつのまにか お経をおぼえ
てしまう・・・
ということで・・・

つまり
むずかしいことも
その場にいると なんとなく
おぼえてしまうもの、
というわけ。
よくわかっているのかどうかは
べつにして・・・。
隣の外人おともだち

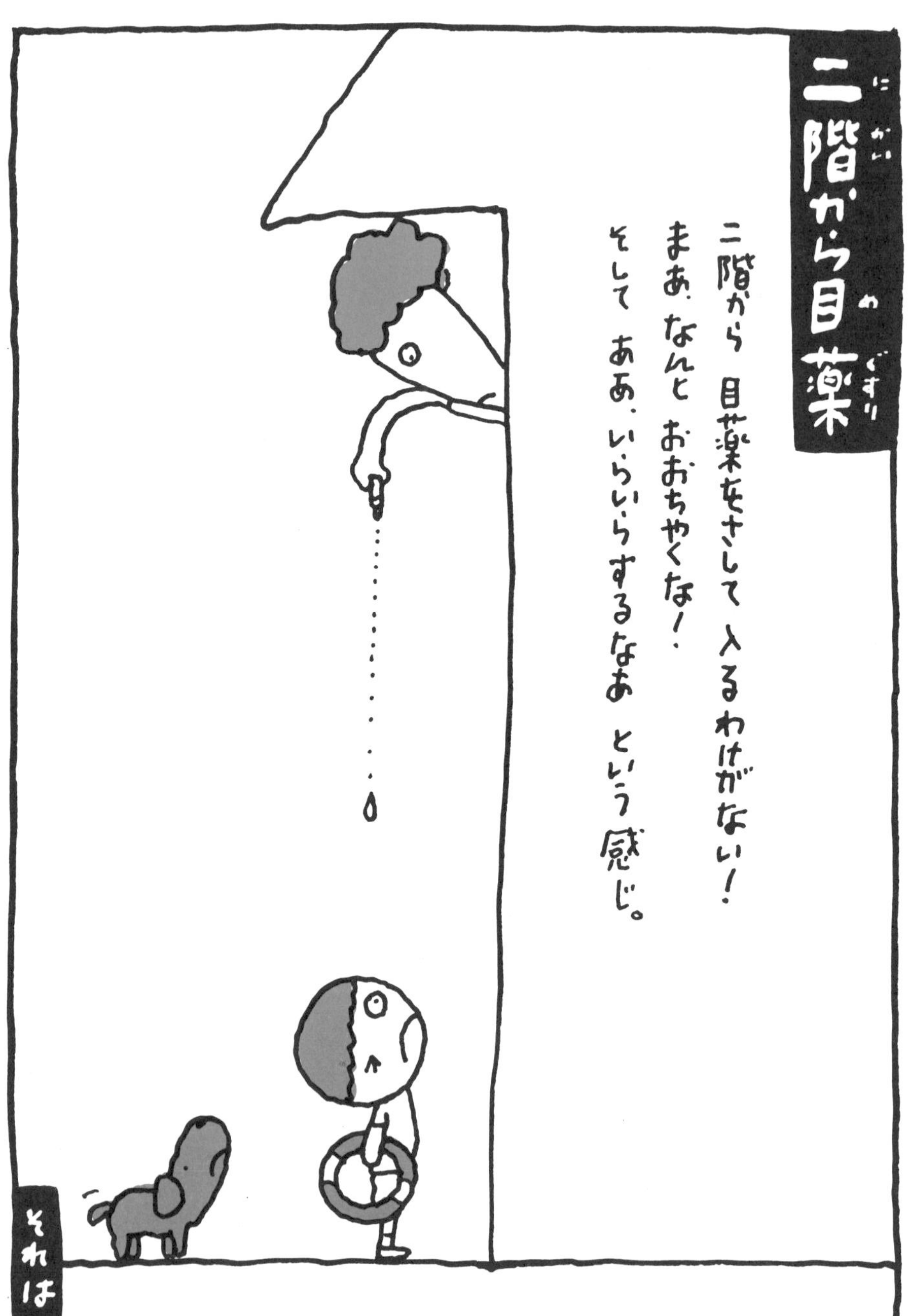
二階(にかい)から目薬(めぐすり)
二階から　目薬をさして　入るわけがない！
まあ、なんと　おおちゃくな！、
そして　ああ、いらいらするなあ　という感じ。
それは

たとえば
金網ごしの大乱闘

たつ鳥あとを濁さず
鳥がとびたったあとも
池は もとのまま きれいに澄んでいる
つまり
後始末はきっちりと
しておくといいよね．
ということ．．．
それは

つまり
あとからくる人のことも
ちゃんと考えておくべきだ、
ということなのだ。
だから　その逆は……
ぼうずの入った後の風呂

壁に耳あり障子に目あり
どこでだれが
見ていたり 聞いていたり
するかわからないから
気をつけて 気をつけて……
ということ。
とくに
悪いこととか 秘密っぽい
ことを するときにはね……
それを

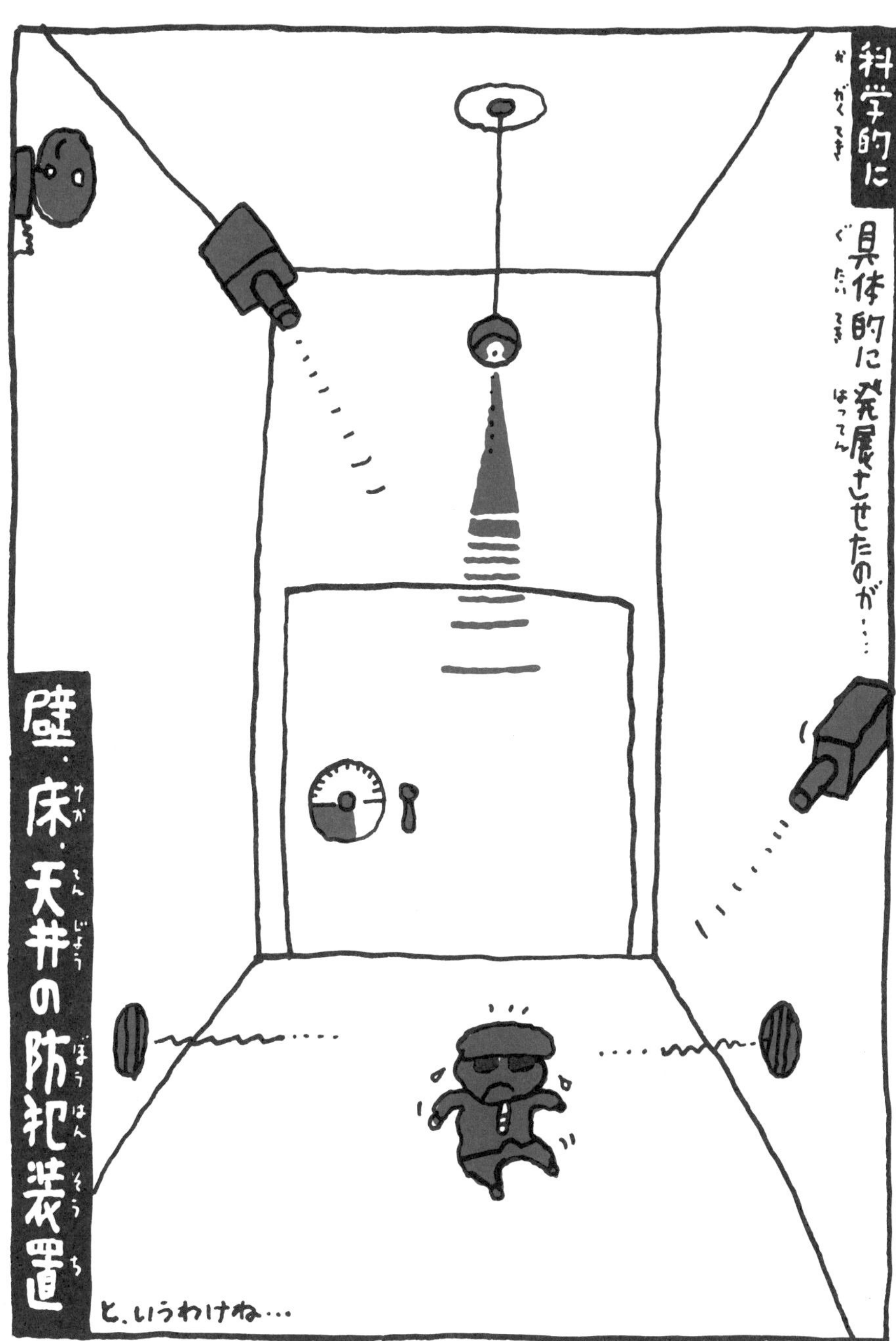
科学的に
具体的に発展させたのが…
壁・床・天井の防犯装置
と、いうわけね…

馬の耳に念仏

ありがたい お念仏も
馬にとっては 何の意味もない
まったく むだなこと…… という意味

つまり

それは
ほとんど
何の効き目もない
ということで……
ゴジラにお世辞

井の中の蛙
井戸の中にずっと住んでいる蛙（かえる）は
外のことを少しも知らないから
自分がいちばん偉いと　ただ思い込んでる……
というわけで……
それは　ようするに

世界がせまい……
ということであって……
離れ島のチャンピオン

良薬は口に苦し

それは

良い薬というものは
必ず苦いものであって、
甘い薬などというものは
体にききはしないんだよ
ということ。

つまり
苦いもの、きびしいもの
つまらないもの、
つらいもの こそが
人生の薬になる。
逆に、
甘いもの、楽なもの
などは、
人生の役にはたちません、
というわけ・・・
ま、そういう考えもある。
良書は目に苦し

泥棒をとらえて縄をなう

泥棒をつかまえてから
泥棒をしばるための縄を
あわてて つくる…
それじゃ ちょっと おそすぎる
という感じ。

それは

つまり
まにあわない！
ということ…
5
6
おひさま出てから水をはる

雉も鳴かずばうたれまい
鳴き声さえたてなければ
見つかることもなく、安全に生きてゆけた
のに、
ということ……
たとえば

それは
調子にのって思わず
手などをあげたりさえ
しなければ、
さされて、まちがえて、
恥をかく、なんてことも
なくてすんだのに……
というような……
手をあげなければさされまい

石橋を叩いて渡る
じょうぶな石の橋だからと
いっても、すぐには信用しないで、
コッコッと叩きながら確かめて、
慎重に慎重に渡る……。
ということで…
それは　つまり

ねんには ねんをいれて…
ということなのだけれど
少しやりすぎし
ちょっと いや味という
感じもある…
おすし屋さんで顕微鏡

飼い犬に手を噛まれる
長年 たいせつに
可愛いがってきたつもりの
飼い犬に ことも あろうに
ガブリと噛まれる。
つまり
うらぎられる！
ということで……
それは

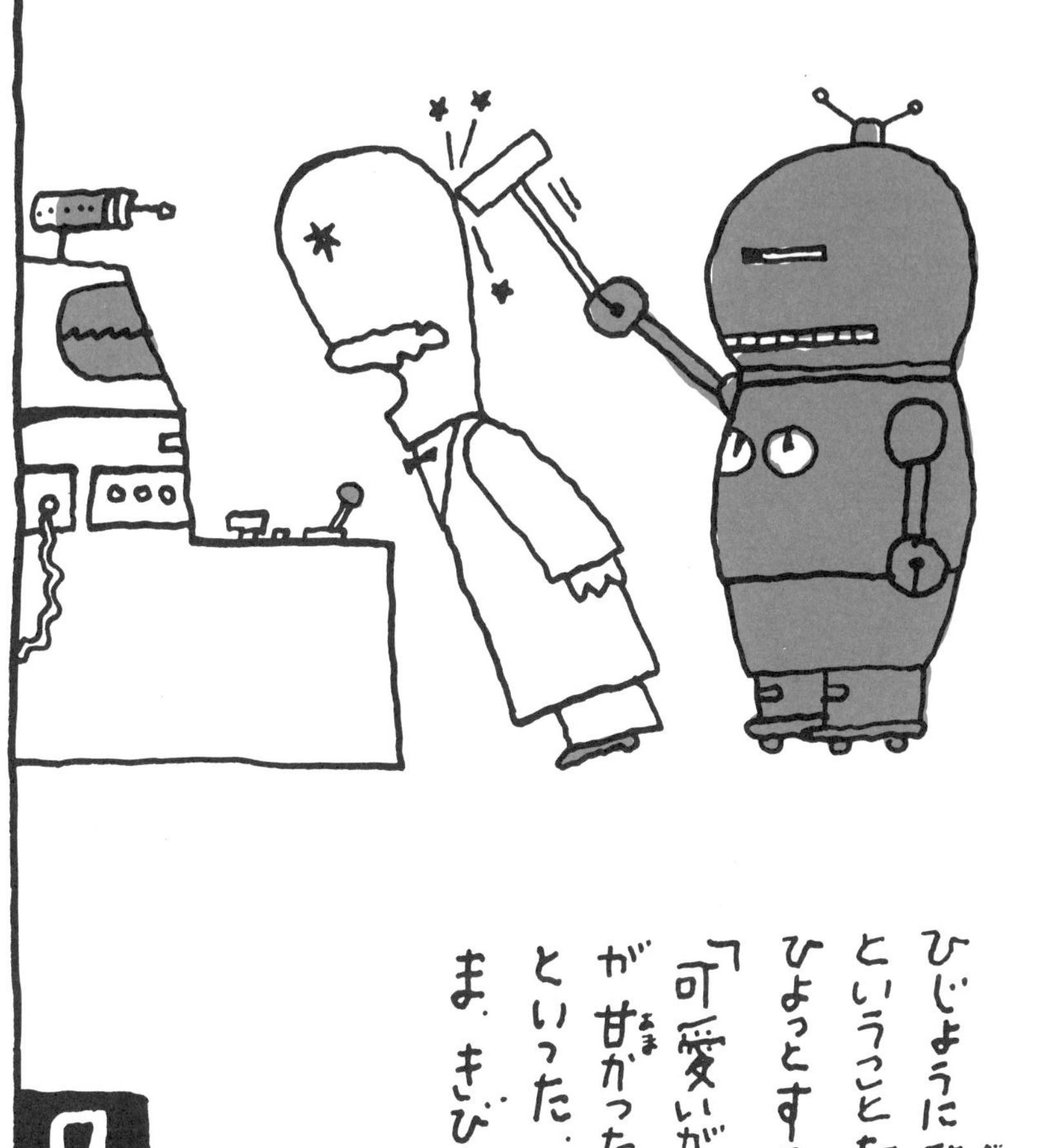

ロボットの逆襲

ようするに

ひじょうに残念無念
ということなのではあるが
ひょっとすると
「可愛いがってきたつもり」
が甘かったのかもしれない
といった。
ま、きびしい話……

人のうわさも七十五日

ひとは うわさ好きだから
何かあれば いろいろ
うわさをしつづけるけれど
それだって 七十五日間ぐらいのこと。
案外 けろっと 忘れてしまうものだ。
ということ。

それは

ひと月もてば大スター

なにしろ

ひとというやつは、
うわさにのせるのも
はやいけど、
忘れるのもはやい。
新しいもの好きだし、
あきっぽい
ということ。

かりてきた猫

よそからかりてきた猫は、
なれていないから、
まことに おとなしい……

というわけで

「まり
つんとすまして
おとなしいことを
「かりてきた猫みたい」
というわけ。
ただ、
ほんとのところは‥
よくわからないけどね.
という感じがある‥‥
なれるまでのおじょうさま

虎穴に入らずんば虎児を得ず
虎の子を捕まえようと思ったら
恐ろしい親虎のいる虎穴の中へ
入ってゆくより他に手はないのだ。
ということ。
それは

つまり
目的を達成するためには
危険をおかすことを
かくごしなければならない
というわけ。 さて！
好きなあの娘はずっと奥

猫に小判
猫に小判(昔のお金のこと)を
与えたって 何の役にもたちは
しないのに……
つまり、
猫じゃなければ すごく役に
たつのになあ!……という感じ。

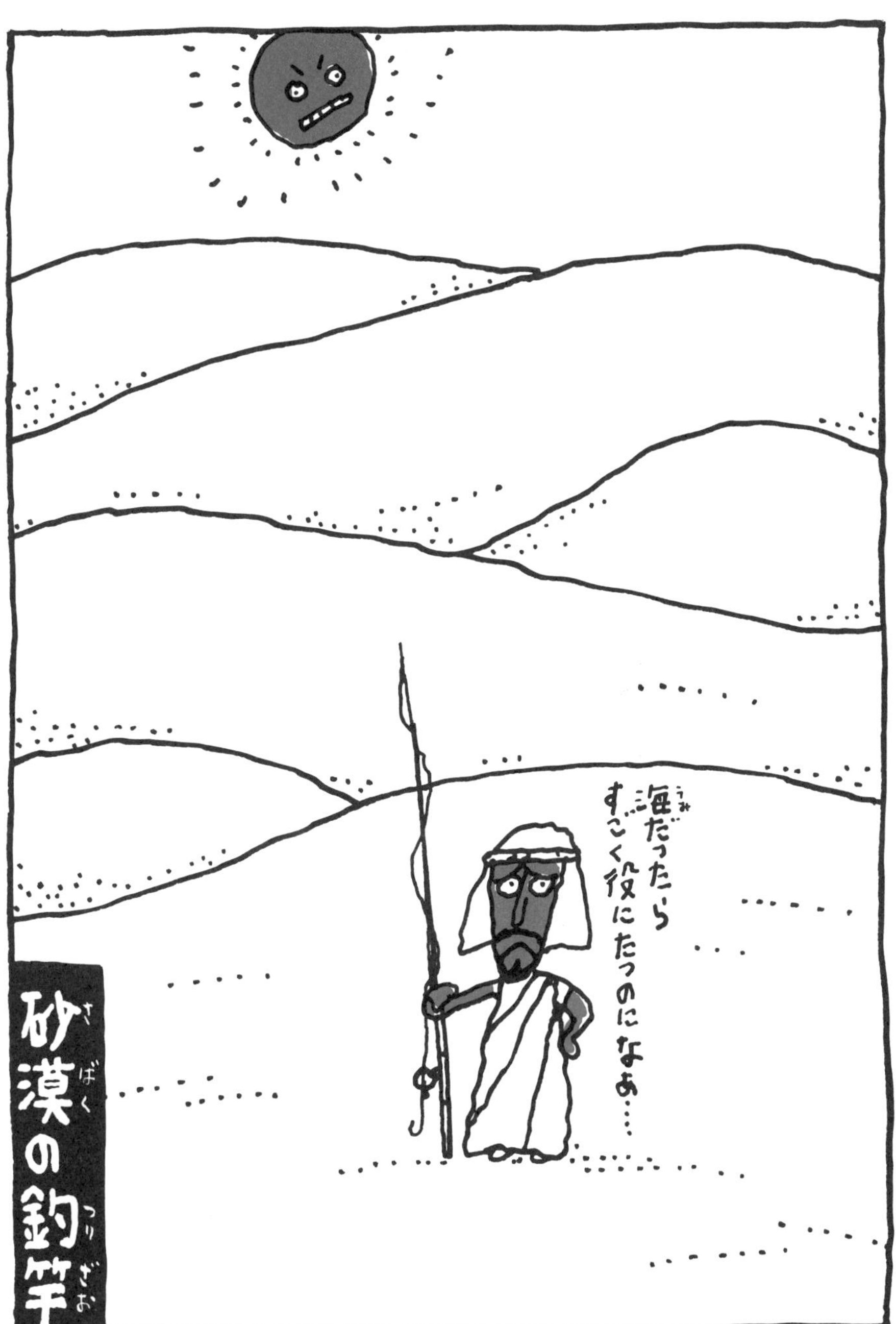
砂漠の釣竿
海だったら
すごく役にたつのになあ……

下手は上手のもと

いくらはじめは下手でも
がんばって続ければ
そのうちきっと
上手になりますよ。
ええ、
なりますとも！
という感じ。

ま、何事も
努力しなくちゃ
だめですよ・・・

というわけで

つまり

とにかく
努力努力
あきらめちゃだめ
ということさ。

さぼりオットセイより努力ぶた

灯台もと暗し
灯台（灯りの台）のもと（下）
のあたりは、案外暗くて、
よく見えない……
ということで……
それは、つまり

近くの大物
かえって
近くのことには
気づかないものだ
という たとえ。

つまり

住めば都

どんなところだって
いちど住んでしまったら、
そこがその人の都（いちばん
便利で楽しいところ）になる。
ということ。

それは
ぶつぶつ文句を言わず
じっくりと暮せば
どんなところにも
それなりの良さは
あるものだ、
ということ。
25
わが家は御殿

石の上にも三年
つめたい石でも、その上に
三年もの間、座りつづけていたら
少しはあたたまってくる……
というようなことで…
つまり

それは
なんでも じっくりと
気ながにやっていれば
少しは効果が出るにちがいない……
といった、
ま、のんびりとした感じ。
小学校にも六年

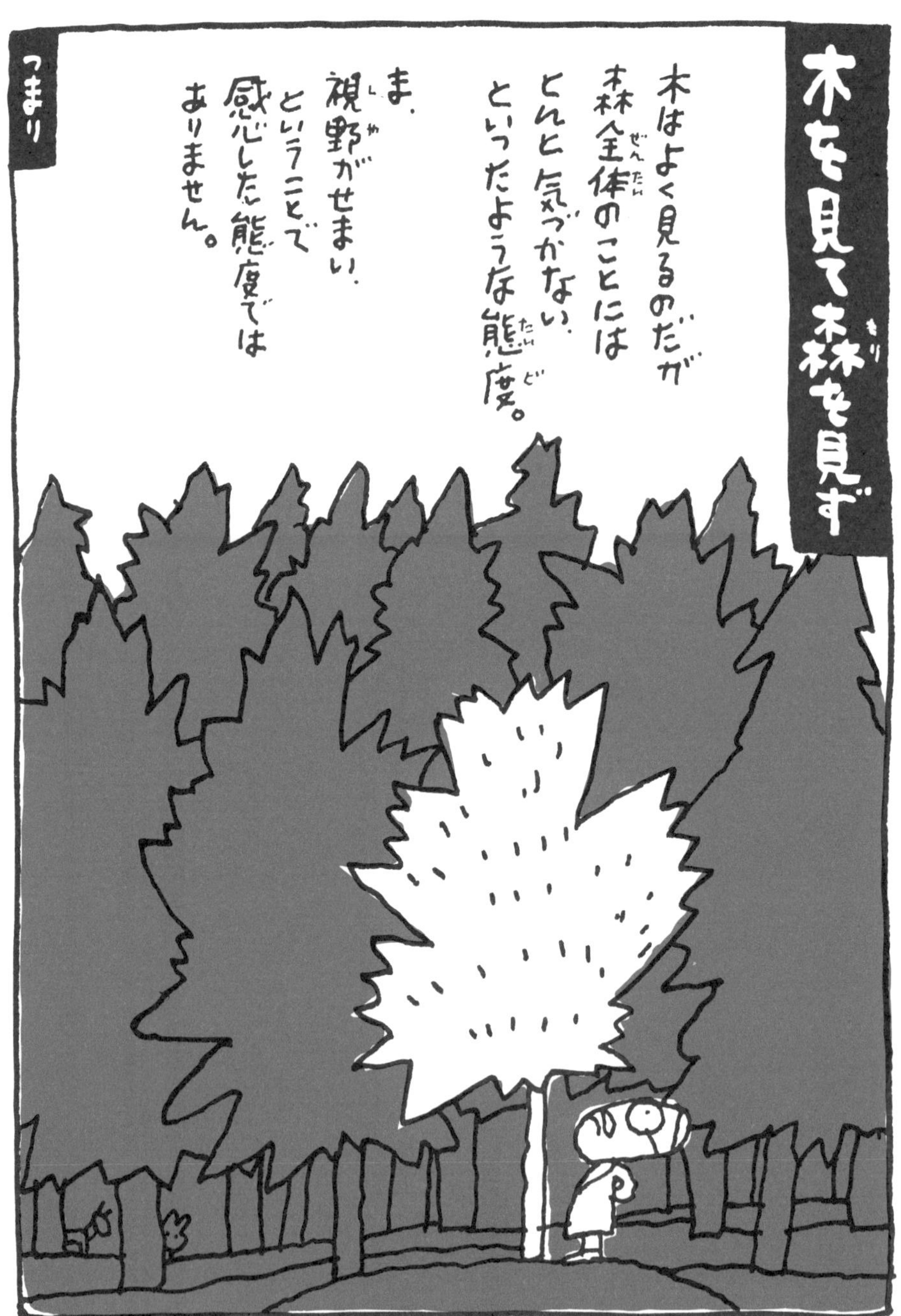
木を見て森を見ず
木はよく見るのだが
森全体のことには
とんと気づかない、
といったような態度。
ま、
視野がせまい、
ということで
感心した態度では
ありません。
つまり

たとえば
ここだけを見て、父を判断してはいけない。
もっと全体を見てからにしなくては……
というようなことです。
T10-0G
Tigers
G
父の林はもっと深い

旅は道づれ
旅というものは
何かと大変だから
旅で出あった
人どうし
おたがいに
助けあって
ゆきましょう
という意味
それは

つまり
同じ立場(たちば)の人どうし
助けあい　はげましあえば
なんとか　楽(らく)になりますよ
というわけで・・・
待合室(まちあいしつ)のはげましあい

窮鼠、猫を噛む
追いつめられると　いくら弱い鼠でも
猫に噛みつくことだってあるぞ…！という意味。
それは…

捨て身のうっちゃり

たとえば

いつも敗けてばかりいるぼくだって
必死になれば
こわいぞ！
というようなことだ。

一を聞いて十を知る

一を聞いただけで
十がわかってしまう。
これ天才！

10

1

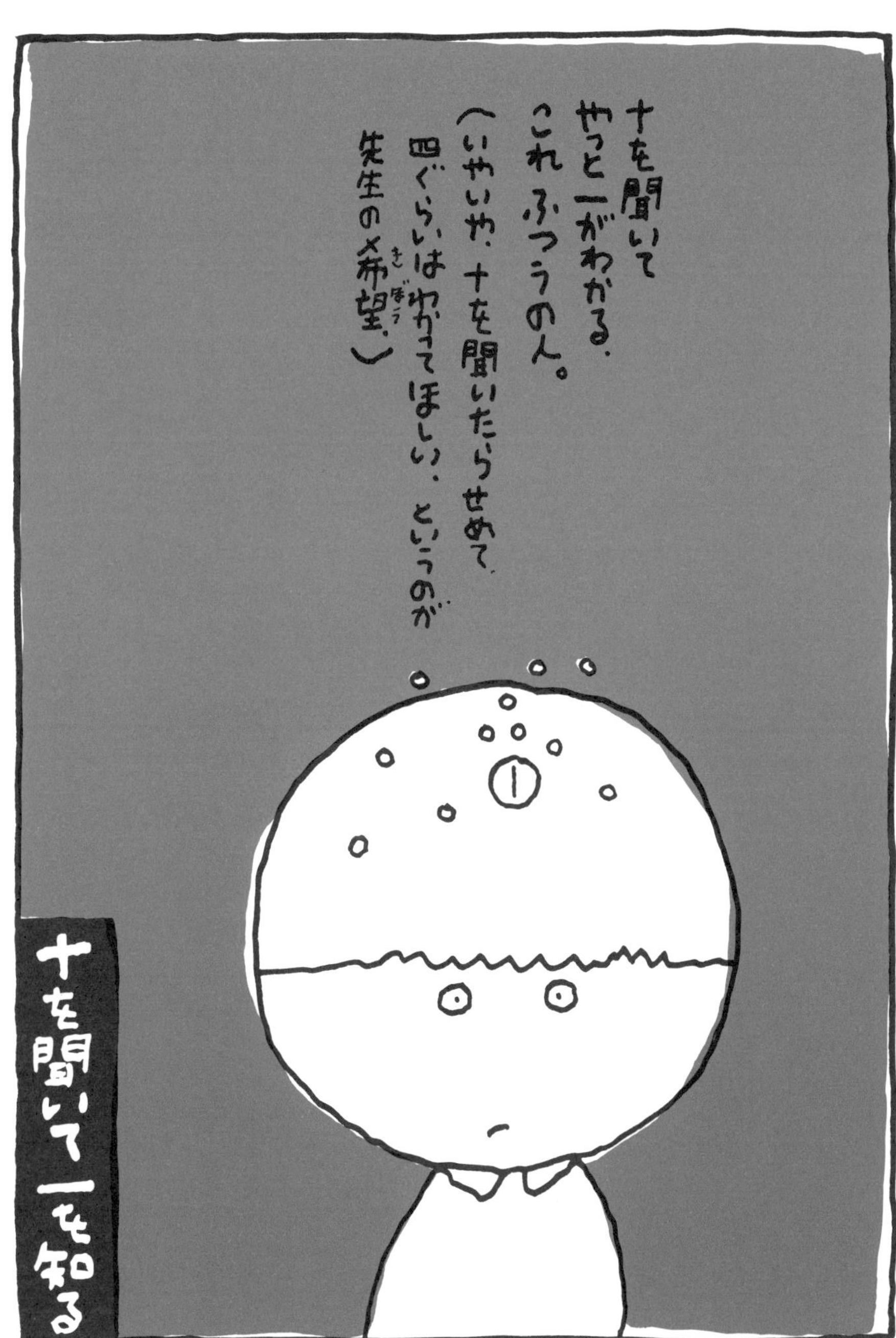
十を聞いて
やっと一がわかる。
これふつうの人。
（いやいや、十を聞いたらせめて
四ぐらいはわかってほしい、というのが
先生の希望。）
十を聞いて一を知る

だから

十人十色

十人いれば性格も十色。それぞれみんな違うものです。ということ。

なにしろ
人間おもしろい！
人間、たいへん。
というわけ。
百人百様
ひゃくにんひゃくよう

うそも方便
悪意のうそはいけないけれど、
人のためを思って、
方便（目的のためにとる手段）
としてつくうそは、
ま、ゆるされる、
ということ。
それは
ゆうべ うち、
あまもりしちゃって……
あら
あら…

つまり
うそも使いようというわけ。
BOOK STORE
方便書房
五味太郎
ことわざ絵本
岩崎書
今世紀最大の傑作。
一家に一冊。
必需図書!
売切れ続出!!
ノーベル賞受賞予定……
うそは明るく
ま、よろしく。
G. TARO.

●「ことわざ絵本」について

まずはじめに、ぼくは「ことわざ」という言葉そのものに興味をもった。

それはたぶん、「ことばのわざ」ということであって、言葉そのものの力、つまり、考えたり伝えたり話したりするための手段としての力から、ひとつ発展させたかたちで言葉を「技」として使おうとした昔の人々、すなわち、「ことわざ」を限りなく生み出した人々に対して、とても興味をもった。

そして、その技には、他の世界、たとえば物を作る世界だとか、あらゆる競技、ゲーム、遊びなどの世界におけるいろいろな「技術」とまったく同じように、まことに変化に富んだ技が含まれていることを知った。

たとえば、教訓、教養、しつけ、感想、注意、あるいは、いいわけ、なぐさめ、あきらめ、茶化し、といった目的のために、言葉が

それこそいろいろと技をかけるのであり、また、技をかけることによって、同時代の人、あるいは後世の人に、その意味なりを伝えていこうとする、それがすなわち「ことわざ」というものなのだろうと考えた。

そして、今伝えられている多くの「ことわざ」をあらためて知ったわけだが、ぼくは、たとえば相撲の技を見よう見まねでいろいろと憶え、ついでに自分の体にあった新しい技をあみ出してみようかと思った昔のことや、テニスを習って、また、なんだかんだと工夫している今のことなどを思って、この「ことわざ」というものに関しても、昔の人の技をぼくなりに理解して、ぼくなりにまた工夫し、作り直してみたいと思ったわけだ。ぼくなりの技をかけてみたいと思ったわけだ。

五味太郎

● さくいん

ことわざ絵本

一九八六年八月八日第一刷発行
二〇〇四年十二月一〇日第九十一刷発行

著者　五味太郎
発行者　岩崎弘明
発行所　岩崎書店
〒112-0005 東京都文京区水道一－九－二
電話三八一三－九一三一（営業）
三八一三－五五二六（編集）
振替　〇〇一七〇－五－九六八二二
印刷　株式会社光陽メディア
製本　株式会社若林製本工場

落丁本・乱丁本はおとりかえいたします。

NDC 388.8　ISBN4-265-80037-8

Published by IWASAKI SHOTEN, Tokyo, Japan
Printed in Japan

岩崎書店ホームページ　http://www.iwasakishoten.co.jp

ご意見ご感想をお寄せ下さい。e-mail:hiroba@iwasakishoten.co.jp